HISTOIRE ET DÉNOÛMENT

D'UN PROCÈS

QUI N'EST PLUS POLITIQUE;

Par Eugène FAMIN, prolétaire.

(En révolution, les lâches et les traîtres
s'intitulent toujours modérés.)

PRIX : 5o c.

TOURS,

IMPRIMERIE DE GOISBAULT-DELEBRETON,
Libraire, Rue Royale, N° 69.

JANVIER 1832.

HISTOIRE ET DÉNOÛMENT

D'UN PROCÈS

QUI N'EST PLUS POLITIQUE.

*(En révolution, les lâches et les traîtres
s'intitulent toujours modérés.)*

Au-dessus de tous les tribunaux, il en est un dont
ils relèvent en dépit d'eux-mêmes ; là, condamnés,
accusateurs et juges comparaissent sans distinction ;
là, les subtilités de la chicane, les faux-fuyans de la
légalité succombent devant la franchise et la droiture.
Souveraine et sans appel, la raison publique confirme
ou annulle, absout ou flétrit. Juridiction sans bornes,
la loi elle-même est son justiciable. C'est donc au
tribunal de l'opinion que doivent en appeler les
victimes de condamnations politiques ; c'est à elle
que j'en appelle.

Nos concitoyens connaissent une partie de cet
interminable procès, déjà porté devant le tribunal
de Tours : je me bornerai donc à retracer les faits
qui ont donné lieu à l'accusation, si cela peut s'appeler des faits et une accusation. Nous examinerons
ensuite les diverses formes que l'accusation a revêtues,
les modifications qu'elle a subies ; nous verrons

comme, d'un complot contre la sureté de l'Etat, il n'est, malheureusement pour nous, resté qu'un petit délit correctionnel.

Le 27 juillet 1851, un cénotaphe avait été élevé sur le Champ de Mars aux victimes d'une révolution qu'on n'ose plus appeler *glorieuse*. Tous les uniformes du chef-lieu, avec et sans dorure, s'y rendirent en grande pompe. Des allocutions bien imprégnées d'un enthousiasme officiel furent successivement jetées au vent; sublime assaut de phrases numérotées, bien fait pour ajouter à l'illustration déjà si grande de nos fonctionnaires. Puis une cantate, puis la dépense de poudre obligée.

Après tant de belles choses, tout semblait fini, il paraissait impossible de rien ajouter à l'éclat de cet hommage civique. Mais est-il rien d'impossible au génie? On nous conduisit à la messe.....

Or, c'est là que commence la série de nos crimes. Doués d'un appétit vigoureux, et de dévotion fort minime, estomacs plébéiens s'il en fut, nous crûmes pouvoir abandonner le créateur pour la créature, et l'eau bénite pour le vin de Champagne. Nous osâmes déjeûner : oui déjeûner, sans la permission préalable de l'autorité! Premier grief.

Malheureusement tout finit ici-bas : un bon déjeûner comme autre chose. Que n'avons-nous pu déjeûner toute la journée : cela nous eût coûté moins cher.

Pendant que nous déjeûnions, quelques citoyens paisibles, dont personne n'a osé suspecter les inten- tions, formèrent le dessein de rendre aux martyrs d'une liberté qu'on nous a volée, un hommage modeste et pur. Le patriotisme des dames du quartier est mis en réquisition, des couronnes sont tressées, nous sommes invités à venir les déposer sur la tombe de nos frères. Trop heureux de nous associer à l'exécution de cette idée patriotique, nous n'hésitons pas à les accompagner.

Cette réunion effrayante, qualifiée depuis de rassemblement, cette réunion composée de quinze à vingt personnes dont plusieurs en uniforme, se dirige vers le Champ de Mars où un poste d'honneur avait été placé.

N'oublions pas ici de rendre un juste hommage au discernement de l'autorité : elle avait confié ce poste au sieur Gersant. L'honorable capitaine n'a pas tardé à se montrer bien digne d'une pareille distinction.

Un officier de la garde nationale, M. Bohy, marchait à notre tête. Arrivé au pied du cénotaphe, il demande la permission d'y déposer nos couronnes; cette permission octroyée d'assez mauvaise grâce, on monte, sur ses pas, les degrés du monument. Les couronnes sont placées, le dernier couplet de la Parisienne est chanté en chœur; à la suite du couplet, des cris audacieux de *Vive la liberté !* partent de notre groupe. Le poste *bien pensant* y répond aussitôt par celui de *Vive le Roi !* Ces deux cris sont échangés à plusieurs reprises avec une vivacité toujours croissante. Gersant veut nous imposer son *Vive le Roi !*

nous répétons avec plus de force, *Vive la liberté, rien que la liberté !*

Notre but était rempli, et pour éviter les suites de l'irritation du capitaine, on descendit les degrés du cénotaphe, on s'éloigna paisiblement en formant plusieurs groupes.

Mais voilà que le sieur Gersant s'avise de réfléchir ; comprenez-vous, il réfléchit ! Son esprit pénétrant n'a pas besoin de longues réflexions pour démêler l'esprit séditieux de notre démarche. La gravité de la tentative lui saute aux yeux. Il n'en saurait douter, nous sommes des Républicains, nous appartenons à cette race proscrite. Son indignation généreuse se traduit aussitôt par un cri de mort. *A bas les Républicains, mort aux Républicains !* dit-il. Une partie de son poste, fidèle écho de ses honorables sentimens, le répète après lui.

M. Bohy, plus rapproché que nous du capitaine, entend ses vociférations et retourne sur ses pas en demander l'explication. Des vérités un peu crues sortent, dit-on, de sa bouche. M. Bohy veut obtenir une satisfaction personnelle ; un rendez-vous est donné et accepté. Quelques personnes rétrogradent et prennent part à ce colloque.

En ce moment trois citoyens porteurs de couronnes arrivent à notre rencontre; étrangers à notre première démarche, ils annoncent l'intention de l'imiter; plusieurs jeunes gens reviennent avec eux. Le sieur Gersant et une fraction de son poste en désordre refusent de laisser pénétrer jusqu'au cénotaphe. On insiste pour connaître les motifs de cette défense; capitaine et soldats ne peuvent en articuler un seul. Des explications vives s'engagent sur tous les points.

Malgré l'admirable zèle du sieur Gersant, jusque-là tout s'était borné à des paroles. Fatigués de ne pouvoir tirer de lui, ni de ses gens, un mot de raison, on se préparait à partir, à les laisser vociférer tout seuls, quand une intervention d'un nouveau genre vint brusquement terminer la discussion.

Au cri de *A bas les Républicains !* si à propos lancé par le chef du poste, une troupe d'auxiliaires irréguliers de l'ordre public avait surgi comme par enchantement sur le lieu de la scène; dignes émules de ces braves assommeurs dont un scandaleux procès a révélé l'infâme organisation, ils viennent secourir la logique épuisée du sieur Gersant. Une grêle de pierres annonce leur irruption, mais bientôt ce moyen ne suffit plus à leur rage soldée; armés de bâtons, ils s'élancent de tous côtés sur une dizaine de jeunes gens sans défense.

Comment peindre la scène de désordre dont nous fûmes à la fois témoins et victimes? On parle, on crie, on hurle, on se défend, on frappe, on est frappé. Une partie des gens du poste se jette dans la mêlée et soutient courageusement la manœuvre de ces nouveaux alliés ; d'autres gardes nationaux, restés jusqu'alors étrangers à tout débat, s'efforcent d'arracher aux mains des forcenés deux ou trois jeunes gens près de succomber sous leurs coups. Les autres, poussés, renversés, presque assommés, se retirent, se dispersent.

L'ordre public et ses sicaires restent maîtres du champ de bataille.

Cependant la sottise et la peur exploitaient déjà cette échauffourée ; mille versions, aussi ridicules que malveillantes, circulent dans les quartiers voisins. « *On s'égorge, dit-on, au Champ de Mars ; le poste est attaqué par des Républicains armés de poignards et d'épées ; vingt gardes nationaux sont massacrés.* » Sans rien éclaircir, sans rien prévoir, la mairie fait battre la générale. A ce bruit sinistre , la cité entière, et s'alarme, et s'agite.

Ici commence une autre série d'excès, un enchaînement de faits monstrueux, une progression incroyable de fureur et de lâcheté , de férocité et de couardise. Depuis la fin du service , grand nombre de soldats-citoyens encombraient les cafés et les cabarets du quai ; une prévoyance inexplicable les avait empêchés de quitter leurs armes. Animés par de copieuses et civiques libations , ils les saisissent au premier bruit ; leur patriotisme enviné court en chancelant braver un péril imaginaire. Sans mission , sans but, ils se précipitent à notre rencontre. Le dire de gens sans aveu leur suffit pour annoncer l'intention de nous faire un mauvais parti.

Les explications , les réclamations sont inutiles avec des gens hors d'état de rien entendre. En vain M. le maire cherche à nous dégager ; en vain il leur ordonne de nous laisser ; sa voix est méconnue, ses ordres méprisés. *Ordonnez, disent-ils, de les jeter à l'eau, et vous serez obéis.* Enfin , au milieu de mille injures, d'outrages sans nombre, nous parvenons à l'hôtel-de-ville occupé alors par les sommités de la hiérarchie administrative.

Escortans et escortés s'y jettent pêle-mêle. Nous réclamons des magistrats une protection qu'ils doivent à tous les citoyens; mais, loin de rétablir l'ordre, loin de se montrer, l'autorité si fière, si impérieuse, quand elle ne craint point d'opposition, l'autorité hésite, tremble devant la colère de quelques forcenés, l'autorité a peur; sous ses yeux, devant elle, nous sommes assaillis pendant une heure entière d'injures et de menaces. La salle de la mairie ressemble à un corps-de-garde de Cosaques ivres. Ces murs paisibles, accoutumés aux calmes discussions de l'aréopage municipal, à la prose civile et cadencée de nos orateurs bourgeois, retentissent de vils jurons, de sales propos empruntés au vocabulaire des halles.

Après une longue attente, le chef du parquet arrive enfin. Pour céder à de brutales exigences, pour assouvir de hideuses passions, nous devons être jetés en prison; notre propre intérêt le réclame, dit-on; il s'agit de sauver des fureurs populaires notre vie menacée : singulière sollicitude ! A l'instant même on nous livre aux furieux qui déjà ont manifesté leurs projets sanguinaires. Dans le court espace qui nous sépare de la prison, vingt fois nous sommes injuriés, menacés, maltraités par ceux dont la mission est de nous protéger et de nous défendre. Eh pourquoi ne dirais-je pas ici la vérité toute entière ? Qu'on me démente, si on l'ose ! Un garde national, un Français, un

homme a voulu m'assassiner sur le seuil de la prison ! Les verroux, en se refermant, n'ont pas eu la
puisssance de nous dérober à cette rage sans frein ;
en échange de la liberté, nous n'avons pu même
obtenir un peu de repos. Nos bourreaux profitent
de l'absence du concierge ; ils disposent, ordonnent
à un porte-clefs interdit, éperdu, ce qu'ils appellent
des rigueurs méritées. *Le cachot est encore trop bon pour
nous.* C'est dans le dernier asile des criminels, dans
les cellules destinées aux plus vils scélérats, que nous
sommes plongés par les partisans furieux de l'ordre et
de la liberté. Il a fallu qu'un concierge de prison
leur donnât des leçons d'humanité ; son retour nous
a tirés du sinistre séjour où l'on nous avait enfermés.

Qui ne croirait que, la haine une fois satisfaite,
l'emprisonnement de *ces pauvres Républicains* aurait
au moins ramené le calme dans la ville ? Nos gens ne
s'arrêtent vraiment pas en si beau chemin. Il n'est plus
de terme à leurs prouesses ; le domicile des citoyens
est violé, la vie de quelques-uns menacée. Tout ce qui
porte une canne, un chapeau gris, une cocarde, un
habit propre, est arrêté, maltraité, frappé.

Citons des faits.

Un jeune homme entièrement étranger à ce qui
s'était passé, M. S.'-Manvieux, offense sans le savoir
une consigne qu'il ne connaissait pas. *C'est encore un
Républicain*, dit-on. Soudain vingt bras se lèvent
contre lui, vingt fers se croisent sur sa poitrine,
ses habits sont mis en pièces ; pâle, sanglant, il va

périr, quand des amis courageux fendent la presse, et l'épée à la main l'arrachent à une mort certaine.

Ce n'est rien encore. Sous un prétexte aussi frivole, un citoyen honorable, un vieillard, M. Delahaye, est attaqué de toutes parts ; l'estime dont il est entouré, son âge, sa faiblesse ne peuvent désarmer les forcenés. Accablé d'outrages, de coups violens, on le traîne au corps de garde, pour l'y maltraiter encore. Instruite de ces horreurs, l'autorité militaire ordonne au colonel de la garde nationale de les faire cesser, de faire relâcher M. Delahaye. En vain le colonel ordonne, prie ; ses ordres, ses prières sont méprisés. Le vieillard prisonnier ne peut obtenir sa liberté.

En retraçant de pareils détails, la plume tombe des mains et l'indignation prend au cœur. Eh bien ! toutes ces lâchetés, ces excès, ces bassesses s'effacent devant les lâchetés, les bassesses qui me restent à raconter.

Que des hommes sans éducation, échauffés par le vin, égarés par des manœuvres perfides, se soient portés à de pareilles extrémités ; on le conçoit. Peut-être même sont-ils excusables. Mais ce qui doit étonner tout être pensant, c'est qu'à la face du pays, des personnages élevés en dignité, des magistrats haut placés osent mentir à leurs concitoyens, se mentir à eux-mêmes.

Après avoir montré tant de faiblesse, tant d'inertie, l'administration se réveille enfin. Va-t-elle donc frapper les vrais coupables ? Va-t-elle sévir contre les véritables perturbateurs ? C'est bien de cela qu'il s'agit.... Il ne faudrait que de la droiture et de l'énergie,

vertus roturières dont nos grands hommes ne sauraient être soupçonnés. Ils sont bien d'une autre force;
leurs œuvres nous l'ont prouvé.

Le lendemain, 28 juillet, superbe proclamation
de M. le maire. N'oublions pas que c'est bien le
même magistrat qui la veille a voulu nous dégager,
dont l'autorité a été méconnue, l'on sait par qui.
Voyons la prose de M. le maire : il n'est pas long,
mais il est fort.

*La tranquillité de la ville a été un instant troublée
par quelques hommes qui rêvent un ordre de choses que
repousse la nation.*

Aimable amphigouri ! *Nous rêvons un ordre de
choses,* et lequel? M. le maire parle en style d'oracles.
Toujours est-il que c'est *un ordre de choses repoussé par
la nation;* et puisqu'il l'affirme en si jolis termes, je
veux bien le croire avec lui. D'ailleurs cette période
sonore a fait briller à nos yeux une faculté que nous
n'avions pas soupçonnée chez l'honorable magistrat.
A l'éloquence dont il a déjà donné de si brillantes
preuves, il joint encore une mémoire qui tient du
prodige. Il reproduit sans y changer un mot des
phrases entières, voire même des phrases officielles.
Sublime plagiat ! Le génie ne prend-il pas son bien
partout où il le trouve. Mais, quand on se souvient si
bien des mots, on ne doit pas oublier les choses.
Vanter, en terminant, le *zèle* des uns et *l'infatigable
activité* des autres, certes c'est achever dignement
une besogne si bien commencée. Regrettons qu'au
milieu de ces éloges mérités, M. le maire n'ait pas

qualifié, avec cette habileté qu'on lui connaît, la glorieuse conduite de ceux qui la veille avaient refusé de lui obéir; ses ordres et son autorité avaient exercé sur eux une influence trop heureuse pour ne pas leur donner en passant un mot de reconnaissance.

Cependant l'instruction est commencée; les grands coupables sont interrogés. Aucun témoin n'a été entendu, et déjà six des conspirateurs sont élargis; les cinq autres restent sous les verroux. Quel motif leur attire cette honorable préférence? M. le préfet, et après lui la feuille gagée du ministère se chargent de nous l'apprendre. La mairie n'a fait qu'escarmoucher; c'est à la haute administration qu'il appartient de porter les grands coups.

Une circulaire où se déroulent toutes les richesses du style bureaucratique est adressée aux maires du département. Une phrase pompeuse leur annonce que *l'anarchie a tenté de lever la tête dans nos murs!* Vous dites la vérité, M. le préfet; mais pourquoi n'oser la dire toute entière? Et moi aussi je l'ai vue cette *anarchie;* je l'ai vue souveraine de la cité tremblante. Oui, il y avait *anarchie* parmi ces gardes nationaux, vexant, maltraitant les citoyens sans mandat et sans ordre; *anarchie* dans cette municipalité sans courage, sans force; *anarchie* dans cette administration peureuse, irrésolue; *anarchie* dans vos discours, dans vos actes, dans votre tête.....

Le peuple, selon vous, *a prêté main-forte aux gardes nationaux pour en faire justice. Pour en faire justice!* Avez-vous senti toute la portée de ces paroles dans la bouche d'un magistrat? Cet éloge de la force brutale, vous l'avez emprunté aux colonnes salariées du journal officiel. Grâces à vous, les braves industriels de la compagnie Souchet * ont enfin des rivaux de gloire. Si le *Moniteur* du 15 juillet a célébré les exploits de la place S.ᵗ-Antoine, les assommeurs du mail Preuilly ont trouvé dans le préfet d'Indre et Loire un plus brillant panégyriste.

Le verbiage emphatique qui termine cette pièce vraiment curieuse ne vaut guère la peine d'être relevé ; mais ce n'est pas la matière qui manque. Il y en a pour des volumes. Qu'est-ce que *cette dynastie élevée par nos mains ?* Les mains de qui, s'il vous plaît ? Celles de M. le préfet ? Ces mains inhabiles à conduire une préfecture ont-elles jamais pu élever quelque chose? Qu'est-ce encore que cette exhortation adressée aux gardes nationales du département : *Nul ne doit se faire justice à lui-même ?* Que signifie cette timide insinuation, quand plus bas on leur présente pour modèle la conduite de celle de Tours dans la journée du 27 juillet? A qui la leçon est-elle destinée? On a reculé encore une fois devant la vérité ; on a mieux aimé dénaturer les faits, que de laisser voir le fond de sa pensée ; et comme si la rhétorique écrasante de M. le préfet ne suffisait pas pour nous *assommer* une seconde fois, la troupe des soudarts ministériels arrive à son aide. Les scribes gagés enchérissent encore de mensonges et de calomnies sur la proclamation, sur la circulaire. Selon le *Messager* du 2 septembre, *des*

* Chef patenté des assommeurs parisiens.

jeunes gens, connus par l'exagération de leurs opinions républicaines, avaient annoncé hautement dans divers lieux publics le dessein de planter l'arbre de la liberté. Le 27 juillet, au nombre de trente, après avoir trompé le poste du cénotaphe sur leurs intentions, *ils l'ont attaqué à coups de poignards et d'épées,* etc. Il y a progrès, comme on voit ; on incrimine à la fois nos opinions et nos actes.

Pour couronner l'œuvre, la même feuille refuse d'insérer notre réponse à ses impostures. Après avoir colporté de plates imputations, elle ne veut pas admettre une défense légitime. Il faut presque une négociation pour que le journal d'Indre et Loire imprime enfin le démenti formel que nous adressons aux autorités locales.

Aucun acte de l'information n'a transpiré au dehors ; on ignore quel sera le résultat d'une procédure à peine commencée. En attendant, tous les moyens sont employés pour noircir dans l'opinion ceux dont on veut à tout prix faire des criminels. En vérité, nos fonctionnaires raisonnent d'une rude force, quand ils raisonnent. Nous avons crié : *Vive la liberté !* donc nous sommes des *républicains.* Que dis-je, des *républicains ?* Des *conspirateurs ;* car il leur faut une *conspiration.* Ce mot-là, adroitement exploité, couvre bien des sottises. Une *conspiration* ingénieusement fabriquée autorise toutes les vexations, excuse toutes les violences. Avec des *conspirateurs* tout est permis, tout est légal ; et puis cela profite, cela fait honneur auprès de MM. du Conseil. Ah ! Basile, mon mignon, vous n'auriez pas mieux dit :

Et voilà comme il faut se tirer d'une affaire.

D'une idée lumineuse à l'exécution, il n'y a qu'un pas chez les habiles. Soudain les limiers de l'autorité sont lâchés à la piste du complot *nécessaire*. Les commérages de la rue, les propos du carrefour, sont recueillis, classés, commentés. Un chapelier a vendu des chapeaux gris : *conspiration !* Un coutelier a vendu des couteaux : *conspiration !* Et les couteaux deviennent poignards ; car poignards et chapeaux gris ne vont pas l'un sans l'autre, comme chacun sait. Agens et commissaires se mettent en quatre pour découvrir le fil de cette conjuration, qui toujours leur échappe. La police entière, cette bonne police, en sue sang et eau ; elle se donnerait au diable pour trouver quelque chose, et elle ne trouve rien. Voilà qu'au moment décisif le terrible complot rate comme un fusil-Gisquet.

L'instruction détruit d'un seul coup cette œuvre de niaiserie et de malveillance. La justice a interrogé témoins sur témoins, et de leurs déclarations, des fréquentes confrontations qui ont eu lieu, il résulte enfin que les intentions des prévenus ne sauraient être incriminées. Les auteurs du complot en sont pour les frais de leur spirituelle invention.

Ne croyez pas cependant que la justice nous relâche après quelques jours de prison. Elle ne rend pas ainsi ce qu'elle tient ; la chambre du conseil du tribunal de Tours nous met en prévention (où n'y a-t-il pas matière à prévention ?) et nous renvoie devant la cour royale d'Orléans.

Deux délits sont imputés aux prévenus. Tous deux sont de la compétence des assises. D'abord , *les cris séditieux ,* puis *la résistance à la force publique au nombre de plus de 5 personnes armées ,* délit prévu par l'art. 211 du code pénal. Peu soucieux de l'issue du procès, sûrs d'obtenir justice devant un jury indépendant , les grands coupables se résignaient volontiers à attendre les assises , quand un arrêt de la cour vint dissiper cette trompeuse sécurité.

La chambre des mises en accusation déclare qu'il n'y a pas lieu à suivre sur le premier chef (cris séditieux) ; puis , modifiant le second (résistance à la force publique) , elle réduit toute l'affaire à un simple délit de police correctionnelle , et nous renvoie , pour être jugés , devant le tribunal de Tours. Singulière indulgence, qui arrache des accusés à leurs juges naturels pour les livrer aux inamovibles de la restauration !

A cet arrêt dont nous prévoyons les funestes conséquences , nous opposons toutes les ressources que peuvent fournir la raison et la loi.

Le 5 septembre 1831 , nous présentons au tribunal de Tours, plusieurs moyens d'incompétence; nous soutenons que le délit étant politique, que la loi du 8 octobre 1830 ayant attribué la connaissance de ces délits aux jurés, le tribunal ne peut en connaître. Le ministère public se réunit à nos conclusions ; déjà le succès paraissait assuré : un jugement que personne ne comprend encore, renversa de nouveau toutes nos espérances.

Appel du procureur du roi; appel des prévenus : chacun veut obtenir, d'un autre tribunal, la solution d'une affaire si fort embrouillée par la magistrature de Tours.

La cause est plaidée, le trente octobre, devant le tribunal de Blois, saisi de l'appel. Les accusés reproduisent les argumens dont ils ont précédemment appuyé leur déclinatoire. La cour royale, disent-ils, en scindant deux faits connexes, n'a pu détruire leur moralité collective. Les parties séparées d'un tout, n'en appartiennent pas moins à la nature de ce tout; pour altérer la nature des parties, il faudrait aussi altérer celle du tout. La cour royale ne peut être maîtresse de les enlever ainsi à leurs véritables juges. Ils demandent que le tribunal, réformant la sentence des premiers juges, se déclare incompétent.

En changeant d'organe, le ministère public a changé de système. M. de Camfort, chargé de soutenir l'accusation, conclut, comme nous, à l'annulation du jugement, qu'il déclare ne pas concevoir; mais il soutient que l'arrêt d'une chambre des mises en accusation, indicatif de juridiction quant au droit, est attributif quant au fait, et qu'un tribunal saisi par décision d'un tribunal supérieur, ne peut se déclarer incompétent par des motifs tirés du fait lui-même, sans qu'il soit résulté de nouvelles charges des débats; enfin, que le délit modifié par la cour d'Orléans n'étant pas spécialement désigné comme politique par la loi du 8 octobre, le tribunal doit se déclarer compétent, retenir l'affaire et juger au fond. Pour le démontrer, il nous entraîne dans un dédale de chicanes que je me garderai de vouloir expliquer ici ; il me faudrait être aussi long que l'éloquent substitut, et je n'ai pas, comme lui, privilège royal d'endormir l'auditoire.

En vain notre défenseur réfute, avec une nouvelle force, tous les raisonnemens captieux, tous les sophismes de la partie publique ; en vain sa voix consciencieuse fait justice des subtilités de la mauvaise foi ; le tribunal a prononcé : les conclusions de M. de Camfort sont adoptées.

* * *

Le Tribunal, considérant que l'arrêt de la Cour royale d'Orléans a écarté, d'une manière explicite, le chef relatif aux cris séditieux ; que le Tribunal de Tours n'en ayant pas été saisi, ni par cet arrêt, ni par la citation donnée aux prévenus, n'a pas eu à s'en occuper, et qu'il a excédé les bornes de ses attributions en déclarant qu'il résultait des débats, relativement à ce fait, des charges nouvelles qu'aux termes des art. 247 et 248 la Cour royale seule eût été apte à apprécier, et en se fondant sur ce fait pour se dessaisir de l'affaire ;

Relativement au fait de rébellion ;

Considérant que les arrêts rendus par les chambres des mises en accusation des Cours royales, ne sont pas attributifs d'une juridiction définitive, sous le rapport de la qualification légale des faits ou de la compétence ; ils décident souverainement relativement aux faits dont ils ont ou non reconnu l'existence ;

Que cette règle ne souffre exception que dans le cas de nouvelles charges ;

Que dans l'espèce, les débats qui ont eu lieu devant le Tribunal de Tours n'en ont révélé aucune;

Sous le rapport de la compétence,

Considérant que si les faits de rebellion reprochés aux prévenus peuvent se rattacher à des circonstances politiques, cela ne suffit pas pour leur donner la qualification légale de délits politiques;

Que d'après l'art. 7 de la loi du mois d'octobre 1830, dont le véritable sens a été développé avec la dernière évidence par les rapporteurs de la loi aux deux Chambres, il est constant qu'il n'y a de délits réputés légalement politiques, que ceux qui sont compris dans les diverses catégories de cet article;

Que le délit dont est question était prévu par les art. 209 et 212 du code pénal, et ne rentrait dans aucune des dispositions dudit article;

Par ces motifs, le Tribunal déclare qu'il a été mal jugé, bien appelé; se déclare compétent, retient l'affaire, et pour être procédé aux débats ultérieurs, renvoie au mardi 29 novembre 1831, dépens réservés.

Fatigués d'être traînés ainsi de juridiction en juridiction, de tribunal en tribunal; convaincus de l'inutilité d'un pourvoi, quand la jurisprudence étroite adoptée par la cour de cassation nous en faisait prévoir le rejet, nous consentîmes, faute de mieux, à nous laisser juger par MM. Bergevin * et Cie

Nos intérêts blessés par les lenteurs d'une procédure sans fin, réclamaient une solution plus que jamais nécessaire. Après un assez long emprisonnement terminé par une liberté précaire, chacun de nous était avide de sortir d'un provisoire intolérable; certains

* Président du tribunal de Blois.

de voir ce qui restait de l'accusation s'évanouir aux débats; nous eûmes la témérité de croire que des juges français, quels qu'ils fussent, ne pouvaient frapper l'innocent; nous pensâmes qu'une fois toutes les charges détruites, la justice ne pouvait trouver des coupables.

Accusés et témoins comparurent, le 29 novembre, devant le tribunal de Blois, composé de cinq juges. *

Le sieur Gersant, premier témoin, est introduit. Après avoir prêté serment de dire la vérité, il raconte la scène du cénotaphe, et prétend que les jeunes gens formant le rassemblement ont crié *Vive la liberté! pas de Roi*, sans toutefois désigner particulièrement aucun des prévenus comme ayant proféré ces cris. Ces messieurs, dit-il, se retirèrent; mais, à environ cent pas, ils s'arrêtèrent et parurent vouloir revenir. Mon poste m'engagea à faire prendre les armes; j'en donnai l'ordre. Je m'opposai à ce que les jeunes gens pénétrassent une seconde fois jusqu'au cénotaphe. M. Bohy me provoqua par des paroles outrageantes, et me demanda raison de ma conduite. (Ici l'honorable capitaine répète exactement les énergiques expressions de M. Bohy.) Je lui répondis que le lendemain, je donnerais satisfaction à lui et aux autres, fussent-ils vingt. Ces messieurs n'ayant pas voulu se retirer, le peuple s'en mêla, les poursuivit à coups de pierres et de bâtons, etc.

Ici les prévenus demandent au témoin, si lui, M. Gersant, n'a pas crié : *A bas les Républicains ! mort*

* MM. Bergevin, président; Leydet, St.-Pierre, Gaulier et Rousseau.

aux Républicains ! Le véridique capitaine affirme que jamais pareil cri n'est sorti de sa bouche. De nouvelles interpellations amènent, de sa part, des dénégations plus positives encore ; en vain on lui fait observer qu'une pièce signée de son nom, écrite en entier de sa main, constate cette circonstance, l'intrépide Gersant déclare la chose impossible. Pour terminer ce débat, M. le Président lit, au milieu d'un profond silence, le rapport en question, dont la rédaction piquante provoque, dans l'auditoire, une hilarité à peine comprimée. A la lecture de cette phrase signicative : *Les jeunes gens ont crié Vive la liberté ! moi et mon poste avons crié Vive le Roi ! A bas les Républicains !* nous avons cru voir une légère rougeur se répandre sur la figure du sieur Gersant ; je dis : nous avons cru ; et certes, ceux qui ont eu l'occasion d'admirer ailleurs la physionomie animée de l'honorable capitaine et les joyeux tubercules dont elle est si agréablement ornée, ceux-là, dis-je, approuveront la prudente réserve qui nous défend d'affirmer un fait aussi prodigieux.

M. Lange, deuxième témoin, a vu sortir des rues adjacentes une foule de gens armés de bâtons et de pierres, qui vinrent se ruer sur les jeunes gens. Jusque-là on s'expliquait assez vivement, mais il n'avait vu de violences d'aucune espèce ; s'étant précipité dans la mêlée pour sauver un jeune homme indignement maltraité, il a reçu, sans savoir d'où le coup lui est venu, une blessure au bras gauche ; il affirme ne pas connaître la personne qui l'a blessé, involon-

(25)

tairement sans doute : ce ne peut être aucun des
prévenus qu'il connaît parfaitement.

Suivant le sieur Lachat qui lui succède, M. Gersant
a dit : Il faut prendre les armes, ils peuvent revenir.
Ce témoin qui tient beaucoup à être d'accord avec le
capitaine, dit qu'il a remarqué l'accusé Famin criant :
Vive la liberté, pas de Roi ! il nie le cri de *A bas
les Républicains !* Cela est faux ! *s'écrie-t-il.* On lui
présente aussitôt sa déclaration écrite, ainsi conçue :
*J'ai entendu M. Famin criant : Vive la liberté, rien
que la liberté ! Le capitaine Gersant a crié ensuite : A
bas les Républicains ! mort aux Républicains !* Cette dif-
férence entre ses deux dépositions paraît vivement
contrarier le témoin, qui cependant n'en rougit pas.
Il convient n'avoir vu aucun des inculpés se livrer à
des violences envers les hommes du poste ; seulement
les jeunes gens ont refusé de se retirer. Il ne peut pré-
ciser quelle part les prévenus ont prise à cette espèce
de résistance.

La déclaration du sieur Hubert n'est remarquable
que par les contradictions sans nombre qu'elle présente
avec ses précédens interrogatoires. Plus M. le président cherche à lui faire éclaircir ce qu'il a dit et ce
qu'il veut dire, plus il embrouille les faits par une
foule d'assertions incohérentes.

Le sieur Gouin parle dans le même sens que Gersant
et Lachat. Il avoue qu'au moment de l'explication entre
son capitaine et M. Bohy, emporté par un zèle courageux, il a dirigé contre ce dernier un coup de baïonnette ; M. Gersant a retenu son bras prêt à frapper.

Il n'avait remarqué , au retour des jeunes gens , rien qui pût faire conjecturer des intentions hostiles.

M. Lemonnier a vu l'accusé Famin donner un coup de canne au nommé Cheneau. Celui-ci , dit-il , était dans l'attitude d'un homme qui frappe. Je n'ai pu voir s'il avait dejà porté un coup à M. Famin ; ce dernier était menacé par plusieurs individus , ce qui m'a empêché de distinguer exactement ce qui se passait. Il a entendu dire , avant la scène , par des gardes nationaux : Voilà ces S... Républicains qui reviennent. Le poste n'a reçu aucun ordre ; on a crié aux armes ; chacun a pris son fusil , et s'est placé comme il a voulu.

Le témoin Cheneau , tellement ému qu'il peut à peine parler , articule avec hésitation qu'il a reçu de M. Famin un coup auquel il a répondu par un autre. Il avait auparavant donné une bourrade à un jeune homme, voisin de M. Famin. Cheneau ne peut expliquer quel motif l'a amené sur le lieu de la scène, puisqu'il ne faisait pas partie du poste , et était à peine vêtu.

Quelques autres personnes assignées à la requête du ministère public , sont encore entendues.

Le sieur Sabré a vu *Pesson* frapper d'un poignard M. Lange , qui , rappelé de nouveau , lui donne un démenti formel. M. Probst a été maltraité par le peuple , qui l'a pris pour un républicain.

Un débat assez vif s'engage entre le sieur Gersant et M. Jahan , lieutenant du poste , qui soutient que le capitaine n'a donné qu'un ordre , celui de prendre

les armes, et non de tenir les fusils en travers pour em-
pêcher les jeunes gens de passer, comme son supérieur
l'avait prétendu. M. Jahan croit que plusieurs gardes
nationaux ont ainsi placé leurs armes , plutôt pour
résister au peuple qui forçait leur ligne, qu'aux jeunes
gens qui n'ont fait aucun effort pour la rompre.

D'autres témoins assurent , qu'attaqués par les assommeurs , les inculpés et leurs amis n'ont fait que
se défendre, qu'il n'y a eu ni attaque ni résistance à
la garde nationale qui , d'ailleurs , ne s'est pas réunie.
Enfin , M. Royer cherchant à préserver M. Famin,
que deux chasseurs ivres voulaient tuer , disaient-ils,
M. Royer, quoique revêtu de l'habit de garde national, a reçu deux coups de baïonnette.

M. Gersant interpellé de nouveau par l'avocat des
prévenus, déclare que , comme chef de poste , il
n'avait reçu aucune consigne.

Au milieu de toutes les déclarations , de tous les
témoignages, on cherche sur quoi repose l'accusation;
on se demande où sont les charges, les présomptions,
les indices? Quelques assertions hasardées, quelques
propos contredits; rien ne fait apercevoir une apparence de délit. On ne voit pas un témoin attribuer à
l'un des accusés un seul acte de résistance, de violence personnelle contre la force publique. Restent les
vagues allégations de quelques hommes peu dignes de
foi, allégations démenties d'ailleurs par vingt dépositions contradictoires, démenties par l'instruction écrite,
toute entière.

La liste des témoins est épuisée, et la cause remise

au lendemain. Les nombreux amis des prévenus, tous ceux qui ont assisté aux débats, leur font espérer d'avance un acquittement infaillible, comme si l'on pouvait compter sur la justice des hommes.

L'audience du 3o novembre est ouverte : M.° Benoit, défenseur des inculpés, prend la parole.

Écartant du procès toutes les circonstances politiques dont il est dépouillé par l'arrêt de renvoi, l'orateur s'attache à prouver que les jeunes gens, placés dans la nécessité de se défendre contre une brutale agression, n'ont fait que résister aux assommeurs, et non à la garde nationale; qu'il ne peut exister de coupables alors qu'il n'existe pas de délit; et quand il y aurait eu délit, où est, dit-il, la preuve nécessaire à vos consciences, la preuve judiciaire que mes cliens y aient pris aucune part : point d'accusations collec-tives, chacun ici doit répondre de ses œuvres. Quel fait particulier peut-on leur imputer? quelle action individuelle peut-on leur reprocher? Après avoir dis-cuté l'ensemble des faits, l'avocat accuse le sieur Gersant d'imprudence et de caprice; lui seul est coupable; c'est lui qui a provoqué le désordre par ses cris et sa conduite absurde et ridicule; c'est à lui que l'on doit reprocher les résultats funestes d'une collision dont il est le premier, le seul auteur.

Le plaidoyer que j'avais préparé, que je voulais prononcer, trouve naturellement place ici. Cédant aux conseils, aux prières de l'amitié, j'ai gardé un pénible silence; mes paroles pouvaient offenser la susceptibilité ombrageuse d'un pareil tribunal; il fallait nous garder d'être trop innocens, l'issue du procès était encore incertaine. Qu'est-il besoin, aujourd'hui, de ces vains ménagemens ; c'est devant l'opinion publique que nous plaidons notre cause, c'est elle qui doit prononcer entre les juges de Blois et ceux qu'ils ont condamnés. Voici ma défense :

« Messieurs,

» De longs et pénibles débats avaient dû laisser dans vos esprits de profondes impressions ; déjà votre conviction était, pour ainsi dire formée ; appréciant les faits à leur juste valeur, vous aviez pu distinguer de quel côté se trouve dans cette cause la franchise et la loyauté, de quel côté l'on aperçoit à la fois lâcheté et mensonge. La logique puissante de notre digne défenseur est venue détruire ce qui survivait de l'accusation ; il a dû dissiper tous les doutes que vous auriez pu conserver.

» Cependant, Messieurs, quelques faits demandent à être éclaircis, quelques objections captieuses doivent être prévues, quelques soupçons repoussés. Il faut montrer comment, dans tout le cours de cette fatale affaire, les cinq hommes qui comparaissent devant vous pour la seconde fois, ont été sacrifiés à la sottise et à la peur.

» Sans rentrer dans la discussion générale des faits, permettez-moi de vous présenter quelques observations sur l'ensemble des dépositions, et laissant de côté ce qu'elles peuvent offrir d'insignifiant ou de superflu, d'attaquer corps à corps les témoignages dont le ministère public paraît vouloir s'appuyer.

» Pour procéder par ordre, examinons d'abord la déposition du sieur Gersant; c'est la base du procès, c'est là que l'accusation cherche ses armes. Que vous a dit ce témoin qu'on prétend irrécusable? Au moment où le groupe est revenu moins nombreux que la première fois, je cite ses expressions, son poste, suspectant nos intentions, l'a engagé à faire prendre les armes. Ici, M. Gersant n'est plus d'accord avec les hommes du piquet qui, tous, vous ont assuré que le capitaine avait crié le premier aux armes. M. Gersant se trompe, à coup sûr. En effet, Messieurs, n'est-il pas probable, n'est-il pas certain que c'est le chef du poste qui, sans y être invité, a msi sa troupe sous les armes. Un ancien officier, un vieux militaire, habitué à toute la roideur de la discipline, ne cède pas ainsi aux exigences de ses soldats; il commande et n'obéit pas. Pourquoi a-t-il donné cet ordre? Nous étions moins nombreux que la première fois; lui-même vous l'a dit. Comment donc soupçonner en nous des intentions plus hostiles? D'où lui est venu cette méfiance tardive? Si nos premiers cris avaient éveillé sa prudence, pourquoi n'avoir pas fait immédiatement ce qu'il n'a fait qu'à notre retour; pourquoi n'avoir pas fait prendre les armes? M. Bohy l'avait insulté, provoqué. Mais on n'insulte, on ne provoque pas un officier, un homme, sans une raison, sans un prétexte bon ou mauvais. Il y avait donc une raison, un prétexte? Quel est-il? le sieur Gersant se charge de nous l'apprendre. Bohy lui a reproché sa conduite, qu'il a qualifiée d'infâme. Peut-être Bohy a-t-il eu tort; peut-être a-t-il employé des expressions trop vives : peu importe. Que les reproches de Bohy fussent fondés ou non, toujours est-il que la conduite de Gersant en était l'objet, y avait donné lieu. Si, d'un côté, l'on réfléchit que la première fois Bohy n'a pas dit au capitaine un mot offensant, on en conclura qu'il y a eu entre ces deux scènes, presque connexes, un acte quelconque du sieur Gersant, et que cet acte a fourni à Bohy le motif, le prétexte si l'on veut, de ce que son adversaire appelle une insulte, une provocation.

» Quel fait a donc pu modifier si étrangement les rapports de ces deux hommes? C'est encore le sieur Gersant qui nous l'explique. *Ils ont crié : Vive la liberté; moi et mon poste : A bas les Républicains.* Faut-il vous rappeler, Messieurs, avec quelle opiniâtreté ce fait a été nié devant vous par le témoin. Sa mémoire ne pouvait le trahir ainsi. L'honorable capitaine vous a rapporté trop fidèlement les épithètes un peu vertes dont M. Bohy l'a gratifié le 27 juillet; il n'a pu oublier les termes d'un rapport écrit en entier de sa main. M. Gersant a voulu cacher la vérité. Nous avons vu un ancien militaire, un officier de la garde nationale, se parjurer courageusement devant la justice.

» Au milieu de l'effervescence de passions brutales, encore tout bouillant d'une fièvre anarchique d'ordre public, un homme s'était vanté d'avoir le premier proféré un cri de mort; il en avait fait trophée. Pourquoi cet homme a-t-il nié aujourd'hui un exploit dont il était si fier? L'heure de la réflexion était venue. On a rougi d'avouer une honteuse provocation; on a vainement essayé d'en imposer au tribunal. Je vous le

(3o)

demande, Messieurs : quelle confiance mérite un pareil témoin? quelle foi pourriez-vous avoir dans celui qui vient de manquer à la sienne?

» M. Gersant n'est pas seulement démenti par lui-même ; à chaque instant les témoins les plus respectables viennent contester la véracité de ses allégations jusque dans de simples détails. Qu'a-t-il donc pour soutenir ses assertions hasardées ? Des hommes qui , tombés comme lui dans mille contradictions, ne savent ce qu'ils ont dit dans l'instruction , ne savent même pas ce qu'ils veulent dire aujourd'hui. Demandons au sieur Gersant pourquoi il nous a empêchés de pénétrer jusqu'au cénotaphe? Quelle raison donne-t-il de cette défense au moins singulière ? Peut-il articuler un motif, je ne dirai pas fondé, mais seulement plausible? Il vient vous dire que nous lui avons résisté ; qu'il dise donc comment nous avons résisté, qu'il précise cette résistance. Quand il y aurait eu de notre part, ce qu'on ne prouve pas , cette résistance inactive, cette résistance qui n'en est pas une, dont deux ou trois témoins vous ont parlé , où serait le mal de n'avoir pas obéi avec empressement aux caprices tyranniques du capitaine et de ses gens?

» N'est-il pas établi aux débats que le sieur Gersant s'est vaillamment avancé a vingt pas hors de l'enceinte, pour arrêter notre marche. Quel était le but de cette *pointe?* S'il avait le droit de nous interdire l'approche du cénotaphe, ce droit d'interdiction ne pouvait s'étendre à une pareille distance. Les gardes nationaux qui, fidèles à leur devoir, sont restés à leur poste, ceux qui n'ont pas joué le rôle de satellites furieux, ceux-là vous ont dit qu'aucun des jeunes gens n'avait cherché à rompre leur ligne, à monter, malgré eux, sur les degrés du monument. M. Lange ne vous a-t-il pas déclaré qu'il n'y avait eu aucune violence, que tout s'était borné à des explications peut-être vives, jusqu'au moment où des hommes armés de pierres et de bâtons s'étaient précipités sur les jeunes gens ; et son assertion est confirmée par un grand nombre de témoignages dignes de foi. Il n'y a donc eu de notre part, ni résistance, ni provocation ; c'est M. Gersant qui nous a provoqués par ses vociférations, par sa conduite arbitraire et violente. Conduite inexplicable, s'il n'y avait pas eu, entre cet homme et nous, une cause préexistante d'irritation ; cause chétive, misérable, qui ne pouvait avoir d'influence que sur la tête d'un Gersant.

» Le zèle peu éclairé du capitaine l'a souvent entraîné bien loin. Un rond tracé sur le sable par des séditieux en gaîté, avait pris à ses yeux une apparence de crime, et ce qui valait un coup de balai lui avait fourni le sujet d'un rapport. Certes, il était dans son droit ; à lui permis de faire des phrases, à nous permis d'en rire : sa prose n'avait pas réussi, nous la mîmes en vers ; elle eut plus de succès. La complainte dont M. Gersant est le héros, a pris place parmi les pièces de la procédure. Après la complainte, parut, sous le nom du capitaine, une réponse poétique ; on avait voulu lui épargner les frais de la composition, il ne s'est pas montré reconnaissant du procédé. Toujours prêt à se mettre en avant, à se signaler, M. Gersant se mêle de tout, touche à tout, embrouille tout. Dans notre garde nationale, M. Gersant est une sorte de Michel Morin. Nos plaisanteries l'ont piqué au vif ; il s'est vengé d'une chanson par une provocation, par un cri de mort.

» Voyons les dépositions qui offrent, avec celle de M. Gersant, un certain air de famille ; on pourrait adresser à leurs auteurs des reproches presque semblables. C'est d'abord le sieur Lachat qui, fier de parler comme son capitaine, et de l'imiter en tout, tombe à son exemple dans des contradictions sans nombre. Peut-on discuter les dires de ce personnage, fidèle écho de Gersant? Comment qualifier un témoin qui supprime, ajoute, reprend ou abandonne à chaque instant quelque partie de ses déclarations? De pareilles réticences, des erreurs aussi singulières ne mériteraient-elles pas un autre titre ?

» Qu'est-ce que cet Hubert dont vous n'avez pu tirer un mot représentant une idée? Hubert, qui à chaque instant s'égare et se dément lui-même, poussé par ce qu'il voudrait dire, arrêté par ce qu'il a déjà dit. Parlerons-nous du sieur Gouin? N'a-t-il pas dit lui-même que, sans le capitaine Gersant, il aurait porté un coup mortel à M. Bohy? Et cet homme, incapable de se gouverner lui-même, pourrait apprécier de sang-froid une scène dans laquelle il a joué un rôle si déplorable! Cet homme, qu'une frénésie sanguinaire a entraîné jusqu'au meurtre, viendrait accuser ceux qu'il a voulu immoler !

» Reste encore Sabré, dont les contes ridicules ne valent pas qu'on les réfute ; Sabré que M. Lange a convaincu d'erreur et de mensonge. Comparez, Messieurs, ces témoignages où la passion se décèle à chaque instant, avec les déclarations précises, concluantes, que nous pouvons leur opposer. D'un côté, confusion, obscurité, erreur volontaire; de l'autre, clarté, ordre, franchise.

» Quant aux faits particuliers que l'on voudrait nous imputer, le même vague règne dans l'accusation. Nous avons été vus tous les cinq par M. Gersant : voilà notre crime, notre seul crime. Car je ne releverai pas le coup de poignard donné à M. Lange par mon ami Pesson, invention qui fait le plus grand honneur à l'imaginative du sieur Sabré. La provocation, seul fait reproché à Bohy, a été expliquée. Vous avez même vu comment Ferrand s'était servi de sa canne pour parer un coup; je cherche en vain dans les débats un mot qui puisse inculper Thiffoyne.

» Arrivons à ce qui me regarde personnellement. Le sieur Cheneau vous a dit que je l'avais frappé ; je n'ai pas songé à contredire son assertion. Il prétend que j'ai frappé le premier, et cela serait, que je l'a-vouerais encore. Cheneau, comme vous l'a dit M. Lemonnier, était, au moment où il a reçu le coup, dans l'attitude d'un homme qui va frapper; j'aurais donc bien fait de prévenir son agression, de le gagner de vitesse.

» Mais je n'avais rien à démêler avec ce Cheneau. Comment aurais-je pu l'attaquer? Quel motif eût pu me porter à une pareille violence? Cela n'est pas probable, cela n'est pas possible. Cheneau a donc été

3

l'agresseur. Dans quel but est-il venu se mêler à une pareille scène de désordre? Voulait-il prêter main-forte au poste; mais ce poste était trois fois plus nombreux que nous ; ce poste n'avait pas besoin de lui, il n'était pas attaqué. Cheneau fait partie de la garde nationale, il doit connaître ses devoirs ; il a un uniforme; pourquoi ne l'a-t-il pas revêtu? pourquoi s'est-il rué sur nous, sans habit, sans chapeau, les bras nus? Ce n'est pas ainsi qu'on vient rétablir l'ordre. Cheneau n'était donc venu que pour se livrer à des voies de fait, à des excès coupables; il a reçu le prix de ses exploits. Entouré de toutes parts, menacé, frappé, j'ai frappé à mon tour; ce que j'ai fait, je le ferais encore, je le ferais toujours.

» D'ailleurs, Messieurs, j'avais plus à craindre qu'un autre : il y a un an, j'ai paru devant la justice ; elle m'a demandé la vérité, et quoiqu'on ait pu faire pour m'ébranler, je lui ai dit la vérité. La maison de M. Billard avait été pillée, la propriété d'un citoyen dévastée : ces gens qui, dans notre malheureuse affaire, ont montré pour la défense de l'ordre une ardeur toute nouvelle chez eux, étaient restés impassibles ; l'autorité, si âpre à poursuivre, à accabler cinq jeunes gens inoffensifs, l'autorité qui n'avait su rien prévenir, n'osa rien réprimer; M. Gersant, si vaillant le 27 juillet dernier, loin de faire arrêter les misérables qui attaquaient sa troupe pour pénétrer de nouveau dans la maison saccagée, M. Gersant, à la tête d'une compagnie, avait ordonné à ses soldats d'ôter leurs baïonnettes. Touchante sollicitude! Il craignait, sans doute, de blesser quelque poitrine amie. La police si dévouée, si active à nous chercher des crimes, la police n'avait pas su trouver les vrais coupables. Quelques malheureux furent jetés sur les bancs de la cour d'assises. J'avais vu de trop près cet horrible désordre; j'avais failli en être victime. Devant les jurés, je déclarai ce que je savais et ce que j'avais vu.

» Mais, en remplissant un devoir, je m'attirais l'animadversion de l'autorité, qui avait oublié les siens. Les furieux qui avaient pris part au pillage, m'enveloppèrent dans la haine qu'ils portaient à M. Billard, quoique, depuis cette époque, je n'aie eu avec lui aucune relation.

» Le 27 juillet, au milieu de ces figures hideuses dont nous étions entourés, j'entendais prononcer ensemble mon nom, celui de M. Billard; c'était sur moi que pleuvaient, de préférence, les injures et les coups. Je devais me défendre, je me suis défendu; tout autre à ma place en eût fait de même : tant que mes forces ne m'ont pas trahi, j'ai rendu coup pour coup, violence pour violence; ma conduite n'a pas besoin de justification.

» Ce serait donc vainement, Messieurs, qu'on voudrait imputer à l'un de nous quelque fait particulier; il n'en est pas ressorti un seul des débats; en supposant même que le délit ait existé, pourrait-on apprécier comment nous y avons participé. D'un autre côté, notre défenseur vous a démontré qu'une accusation collective était inadmissible. Si vous pouviez adopter un semblable système, les jeunes gens qui nous accompagnaient, qui ont pris part à ces actes collectifs qu'on nous reproche, qui sont venus vous le dire eux-mêmes, devraient être mis en cause. Nous ne sommes pas plus coupables qu'eux, et l'instruction les a déclarés innocens. D'où vient, pour nous, cette préférence accusatrice? N'est-ce pas pour justifier notre emprisonnement, qu'on nous a traduits devant vous? N'est-ce pas encore pour justifier des mensonges officiels?

» Demandons au ministère public pourquoi les forcenés qui nous ont attaqués, n'ont pas été arrêtés? Pourquoi ceux qui ont violé le domicile des citoyens, ceux qui ont lâchement maltraité un vieillard, n'ont éprouvé aucune poursuite? De tels excès peuvent-ils être excusés? Sont-ils moins coupables à ses yeux que la simple démonstration d'une opinion patriotique?

» Nous le proclamons hautement : on a montré contre nous une partialité révoltante ; on nous a incarcérés ; notre caractère a été noirci, nos actions dénaturées. On vous demande encore une condamnation ; on l'espère peut-être.....

» Mais vous répudierez la mission d'iniquité qu'on voudrait vous imposer ; vous n'épouserez pas la querelle de gens sans cœur ; vous peserez la frivolité, le vague de l'accusation : étrangers à tout esprit de parti, vous prononcerez entre nous et nos accusateurs. Ces hommes, à qui tous les désordres sont familiers, toutes les violences nécessaires, apprendront, par votre arrêt, que la liberté des opinions existe encore en France. Nous condamner, Messieurs, ce serait consacrer le règne de la force brutale.

» Si je voulais parler à vos cœurs, je pourrais faire
faire valoir ici tout ce que nous avons déjà souffert,
tout ce que nous avons perdu par ce malheureux
procès ; car il n'est aucun de nous qui n'ait été
blessé dans ses affections, dans ses intérêts. Mais c'est
à vos consciences que je m'adresse; je ne vous demande
ni grâce ni pitié , mais justice, rien que justice. »

A l'exemple de notre honorable défenseur, je m'é-
tais conformé au premier jugement. Le tribunal ayant
déclaré le délit non politique, nous avions discuté les
différentes charges de l'accusation , sans y joindre l'ex-
pression de nos opinions , de nos principes politiques.
M. de Camfort , dont les conclusions avaient servi
de base à ce même jugement; M. de Camfort qui,
dans sa première plaidoierie, avait voulu dépouiller
le procès de son caractère politique, était chargé, pour
a seconde fois , de soutenir l'accusation.

Loin d'imiter notre réserve , l'ardent substitut se
jette à corps perdu dans des considérations entièrement étrangères aux faits incriminés. Sans pitié pour
l'auditoire, il entame un épais traité sur les droits et
les devoirs de l'opposition. C'est plaisir d'entendre
l'orateur imberbe tracer des règles de conduite aux
vieux entêtés qui s'avisent encore d'être patriotes ; un
désintéressement bien rare brille surtout dans ses
conseils dogmatiques. Quoique jeune , M. de Camfort
paraît déjà trop habile pour voguer contre le vent ;
de quelque côté qu'il vienne à souffler , notre prudent

adversaire ne mettra jamais en pratique les doctes
leçons qu'il donne gratis aux opposans. Après cette discussion interminable, le ministère public aborde enfin le
corps du délit. Chaque déposition est torturée, chaque
fait se colore de cette teinte criminelle qui semble
être le secret de tous les parquets; les mensonges deviennent des erreurs, les paroles des preuves; la faus-
seté se change en franchise, la lâcheté en prudence.
L'accusateur commissionné s'acquitte de son métier
en conscience. Pour faire des coupables, tout lui sert,
tout lui est bon; il n'est pas jusqu'aux allégations du
sieur Sabré qu'il ne ramasse dans la boue pour récré-
pir l'accusation en ruines.

Cependant M. de Camfort veut bien reconnaître la
pureté de nos intentions; mais, n'eussions-nous com-
mis qu'une imprudence, nous devons en être punis.
Ce brillant réquisitoire est couronné par une péroraison
son pittoresque : le fantôme sanglant des troubles de
Lyon est évoqué; c'est au nom de l'ordre menacé,
de la société ébranlée, qu'on réclame une condamnation rigoureuse.

Notre avocat répond en peu de mots à l'emphatique amplification. Le tribunal entre en délibéré.

Après une longue attente, l'audience est reprise.
M. Bergevin, président, prononce le jugement suivant
dont je dois épargner la moitié au lecteur.

« Quant à la première scène, il est judiciairement
prouvé que *des cris évidemment séditieux ont été proférés*, et que ces cris plusieurs fois répétés ont donné

lieu à *un garde national du poste* de crier : *A bas les Républicains* ;

» Qu'à la suite de cette première scène, le poste ayant voulu interdire aux jeunes gens l'approche du cénotaphe, défense justifiée par leurs premiers cris et par les ordres de l'autorité, il y a eu de la part des jeunes gens une résistance avec voies de fait et violences à la garde nationale ; que cette scène a causé les désordres qui ont eu lieu ledit jour dans la ville de Tours, et dont plusieurs gardes nationaux et citoyens ont été les victimes ;

» Que les prévenus Pesson, Famin, Bohy, Thiffoine et Ferrand ont pris à tous ces faits une *part plus ou moins active* ;

» En conséquence, et faisant application des articles 209 et 211 du code pénal, le tribunal condamne Bohy et Famin en six mois d'emprisonnement ; vu les circonstances atténuantes, et faisant application de l'article 463 du même code, condamne Pesson en un mois, Thiffoine et Ferrand en dix jours d'emprisonnement, et tous solidairement aux frais. »

Cet arrêt inattendu excite dans l'auditoire la stupeur et l'indignation. Nos ennemis eux-mêmes rougissent de leur triomphe : les juges de Blois ont surpassé leur attente. Pendant qu'un jury national flétrit les assommeurs de la Bastille et leurs infâmes patrons, les magistrats que nous a légués Charles X donnent aux assommeurs de Tours un encouragement de par le Roi. C'est en vain que nous voulons appeler de ce jugement, la jurisprudence s'y oppose ; nous sommes garottés par la première décision du tribunal. Saisi de l'appel sur un moyen préjudiciel, il a retenu l'affaire au fond ; son arrêt est souverain : la légalité nous égorge.

A chaque mot de ces curieux *considérans*, on reconnaît la touche savante d'un ex-procureur du Roi de la restauration ; l'homme y est peint trait pour trait. C'est bien là ce substitut qui, formé à Vendôme par les soins d'un vaillant maître, est devenu procureur du Roi à Gien par la grâce de Peyronnet; qui, plus tard, envahit le parquet de Blois, grâce à une protection puissante alors ; qui, plus tard encore, échappant par une manœuvre habile à l'austère épuration de Dupont de l'Eure, a su obtenir de nos gouvernans le prix de son défunt dévouement à la légitimité *.

Quoiqu'un pareil jugement n'ait pas besoin de commentaire, remarquons une toute petite contradiction : *des cris séditieux ont été proférés*, et plus bas : *les prévenus ont pris à tous ces faits une part plus ou moins active.* Donc, *nous avons proféré des cris séditieux ;* s'il en est ainsi, le tribunal doit se déclarer incompétent. Les cris séditieux constituent un délit politique qui échappe à sa juridiction ; nous en sommes coupables, dites-vous ; eh bien ! les jurés seuls peuvent nous juger. Mais des jurés acquitteraient sans doute !...

Pour mieux peindre l'impression que ce jugement produit sur le public, ajoutons qu'une souscription,

* M. Bergevin, récemment nommé président du tribunal de Blois.

dont la première idée fut émise par un témoin à charge, a couvert en trois jours tous les frais du procès.

Nos concitoyens l'ont senti : on n'en voulait qu'à nos opinions; elles seules ont été condamnées. Capables de nier le mérite d'un maire, l'indépendance d'un préfet du juste milieu, nous devions être persécutés. Quand partout les écrivains patriotes sont saisis, poursuivis, emprisonnés; quand un vaste système d'oppression, qu'on ne prend plus la peine de déguiser, s'appesantit chaque jour sur le pays, doit-on s'étonner que les serviles du régime déchu, devenus les serviles du nouveau régime, nous fassent expier si cher le crime d'avoir pensé tout haut. Fidèles à l'impulsion du maître, grands et petits fonctionnaires sont possédés de la rage des procès politiques; chaque préfet partage l'ardeur bilieuse du ministre dirigeant, chaque parquet renferme un *Persil* en herbe.

Courage donc, braves champions d'un système plus que déplorable! Persévérez dans les voies de rigueur. Que votre zèle ne s'arrête plus. Enchaînez la presse, étouffez la pensée, incriminez les paroles. Alors, comme aux jours de la restauration, la haine se réfugiera au fond des cœurs, pour éclater bientôt plus terrible, plus implacable.

On n'abuse pas long-temps le bon sens d'un peuple libre; il saura démêler la vérité. Déjà tous les hommes de bonne foi pensent avec nous que le gouvernement sorti des barricades n'a pas tenu les promesses faites aux jours du danger. S'il eût consulté la France, la France lui eût répondu; de véritables représentans, nommés par tous les citoyens, auraient, d'une main courageuse, abattu les superfluités d'un énorme budget; le système électif, appliqué à tous les corps de l'état, nous aurait débarrassés d'un ennemi qu'avait dédaigné la colère du peuple, de ces juges inamovibles conservés exprès pour condamner les patriotes. Des institutions municipales, établies sur une base forte et durable, eussent fait concourir tous les membres de la cité à l'élection de leurs magistrats. Alors nous n'aurions pas vu les nullités de toute espèce envahir conseils, mairies et préfectures.

Martyr improvisé en 1830 par une boutade du ministère Polignac, un agent du fisc dont le libéralisme accommodant avait conservé, sous tous les régimes, un emploi lucratif, n'aurait jamais été maire de Tours; la ville ne serait pas menacée de subir, une seconde fois, sa pesante incapacité. Au moment où j'écris, le public s'entretient d'un trafic autorisé, *dit-on :* M. le directeur des domaines renoncerait à ses fonctions au profit d'un employé inférieur qui connaît le prix d'un pareil service. Grâce à une compensation monnayée, l'honorable démissionnaire serait enfin rendu à ces honneurs dont personne ne veut. Ce bruit calomnieux sera démenti sans doute. Il est impossible de croire qu'un homme d'un désintéressement si bien établi, ait pu prêter les mains à ce dégoûtant tripotage.

Partout on retrouve ce vice radical de notre organisation administrative. Partout le bon plaisir de nos excellences au lieu du suffrage des citoyens. N'est-il pas temps que les départemens aient enfin quelque part aux choix de leurs administrateurs? Verront-ils toujours à leur tête ces préfets, étrangers aux besoins, aux intérêts des localités, que chaque nouveau minis-tère leur expédie par la poste. Pauvres fonctionnaires qui, toujours vacillans, passent dans leurs emplois, sans laisser plus de traces que le voyageur dans une auberge !

Le département d'Indre et Loire a subi comme un autre les conséquences de l'arbitraire ministériel. Quels titres avait-il à la confiance du pays , ce M. Godot dit d'Entraigues, jeté incognito dans notre préfecture ? Quelle puissante influence l'a porté tout-à-coup à ce poste éminent? N'est-il pas le voisin , la créature de l'homme aux douze sermens? N'a-t-il pas achevé son éducation politique sous les ombrages de Valençay * ? Les circulaires du préfet ne valent-elles pas les protocoles de l'ambassadeur ** ?

Ainsi tous les emplois sont livrés à l'intrigue, à la camaraderie. Partout se révèlent l'impuissance, la faiblesse de l'administration : elle ne peut ni prévenir, ni réprimer. Sans but, sans système, le gouvernement a voulu vivre au jour le jour, et chaque jour un embarras lui arrive, chaque jour il perd de sa consi-dération , de sa force morale.

La France écrasée sous le poids d'un impôt exor-bitant, avilie au dehors, mécontente , opprimée, se voit encore menacée d'une guerre générale. Ainsi tant

---

* Domaine du prince de Talleyrand.

** Voyez, à la fin, la circulaire de M. le préfet.

de honteux sacrifices , tant d'humiliations diplomatiques n'ont pu même nous assurer cette paix fastueusement annoncée !

Hommes du pouvoir, prenez-y garde : en vain vous affrontez la haine publique, en vain vous vous cramponnez à ce pouvoir qui vous échappe. Vous tomberez bientôt ; puissiez-vous tomber seuls ! Déguerpissez donc, tandis qu'il en est temps encore, valets à toute livrée , transfuges de tous les régimes , esclaves de tous les pouvoirs ! Arrière , hommes du milieu ! la France ne veut plus de vous.

CIRCULAIRE

CIRCULAIRE adressée, le 28 juillet 1831, par M. le Préfet d'Indre et Loire, à MM. les Maires du Département.

« Messieurs,

» Une cérémonie funèbre avait été consacrée hier à Tours, sur le Champ de Mars, au souvenir des braves morts pour la conquête de la liberté ; elle s'était passée avec un ordre, un enthousiasme dignes de son objet ; mais la fin de la journée fut malheureusement troublée par des désordres qu'occasionnèrent quelques individus, en provoquant la garde nationale par les cris et les voies de fait les plus criminels. Ce mouvement fut promptement réprimé, et les auteurs en sont livrés à la justice.

» Vous direz aux gardes nationales de vos communes que *l'anarchie a tenté de lever la tête dans nos murs*, et que, *pour en faire justice, le peuple a spontanément prêté main-forte aux gardes nationaux*, accourus de toutes parts au premier bruit.

Rivales de leurs nombreuses sœurs qui couvrent le sol de la patrie, rivales de celle du chef-lieu, je sais que toutes les gardes nationales du département sont animées du même esprit d'ordre et de stabilité ; qu'elles sont les plus fermes appuis de la monarchie constitutionnelle et de la dynastie élevée par nos mains. Je sais aussi que, dévoués à leur mission, qu'elles comprennent, elles voudront toujours assurer le respect dû à la loi, en s'y soumettant les premières, en observant religieusement ses formes protectrices. Rappelez bien, Messieurs, aux *soldats citoyens de vos communes que nul n'a le droit de se faire justice à lui-même;* qu'aux tribunaux seuls il appartient de la rendre à chacun; qu'ils n'oublient jamais leur belle devise; et, en cela, *ils imiteront l'exemple donné à Tours par le poste d'honneur placé à la garde du cénotaphe,* au moment où se commirent les coupables excès que nous déplorons.

» Recevez, Messieurs, l'assurance de ma considération très distinguée.

» D'ENTRAIGUES. »

Peste : où prend son esprit toutes ces gentillesses?

F I N.